SAMMLUNG GUTTENTAG

252 a

Nachtrag

zu

Zivilprozeßordnung
und Gerichtsverfassungsgesetz

Handausgabe

auf Grund der Rechtsprechung erläutert von

Bernhard Wieczorek
Rechtsanwalt beim Bundesgerichtshof

Berlin 1962

Walter de Gruyter & Co.

vormals G. J. Göschen'sche Verlagshandlung • J. Guttentag, Verlagsbuchhandlung
Georg Reimer • Karl J. Trübner • Veit & Comp.

Archiv-Nr. 29 52 62 1

Satz und Druck: Walter de Gruyter & Co., Berlin W 30

Ratschläge zum Gebrauch

Es wird empfohlen, die Ergänzungen entsprechend den angegebenen Paragraphen des Hauptbandes auszuschneiden und sie auf der betreffenden Seite des Kommentars am inneren Rand aufzukleben. Zu diesem Zweck sind die Rückseiten der Nachtragsblätter unbedruckt geblieben; auch wurden entsprechend große Abstände gelassen.

Der Verlag

§ 23a (—)

G. zur Ausführung des Haager Übereinkommens vom 18. 7. 1961 (BGBl. I 1033)

I **Für Klagen in Unterhaltsachen gegen eine Person, die im Inland keinen Gerichtsstand hat, ist das Gericht zuständig, bei dem der Kläger im Inland seinen allgemeinen Gerichtsstand hat.**

A. Unter Unterhaltsachen sind alle Ansprüche zu verstehen, welche i. S. des inländischen (außerprozessualen Rechts) als auf Unterhaltleistung beruhend anzusehen sind. Dazu gehören die, welche Familienangehörige (BGB §§ 1600 folg., 1708 folg., EheG §§ 58 folg.) zu leisten haben. Ist außerprozessuales ausländisches Recht anzuwenden, so fallen darunter auch sonstige Ansprüche aus dem Familienverbande, selbst wenn sie nach inländischem außerprozessualem Recht nicht bestehen (Geschwisterunterhalt).

§ 116 (—)

I **Insoweit eine Vertretung durch Anwälte nicht geboten ist, hat das Prozeßgericht einer Partei, der das Armenrecht bewilligt ist, auf ihren Antrag einen Rechtsanwalt zur vorläufig unentgeltlichen Wahrnehmung ihrer Rechte beizuordnen, wenn die Vertretung durch einen Rechtsanwalt erforderlich erscheint.**

II **Wird der armen Partei ein Rechtsanwalt nach Absatz 1 nicht beigeordnet, so kann ihr auf Antrag zur unentgeltlichen Wahrnehmung ihrer Rechte ein Referendar oder ein anderer Justizbeamter beigeordnet werden. Die hierdurch entstehenden baren Auslagen werden von der Staatskasse bestritten und als Gerichtskosten in Ansatz gebracht.**

III **Gegen den Beschluß, durch den die Beiordnung eines Rechtsanwalts abgelehnt wird, findet die Beschwerde statt. Eine weitere Beschwerde ist ausgeschlossen.**

§§ 547, 640, 641, 641 a, 644 geändert bzw. eingefügt durch das Familienrechtsänderungsgesetz v. 11. 8. 1961 BGBl. I 1221.

§ 547 (509)

I **Ohne Zulassung findet die Revision statt, insoweit es sich bei einer auf § 48 des Ehegesetzes gestützten Klage darum handelt, ob der Widerspruch des anderen Ehegatten zu beachten ist.**

II **Ohne Zulassung und ohne Rücksicht auf den Wert des Beschwerdegegenstandes findet die Revision statt:**

1. **insoweit es sich um die Unzulässigkeit des Rechtsweges oder die Unzulässigkeit der Berufung handelt;**
2. **in den Rechtsstreitigkeiten über Ansprüche, für welche die Landgerichte ohne Rücksicht auf den Wert des Streitgegenstandes ausschließlich zuständig sind.**

III **Die Vorschrift des § 545 Abs. 2 bleibt unberührt.**

E I a. Bei nicht vermögensrechtlichen Streiten ist die Revision ohne Zulassungsausspruch auch zulässig, sofern ein Widerspruch nach EheG § 48 II 1 erhoben worden ist und die Ehe allein auf Grund des EheG § 48 trotz dieses Widerspruchs nach EheG § 48 II 2 geschieden ist oder wenn die Scheidungklage abgewiesen worden ist, weil ein Widerspruch nach EheG § 48 II 1 beachtet wurde. Ist die Klage aus anderen Gründen geschieden, so sind diese zwar grundsätzlich nicht revisibel. Da der Gesetzgeber sich nicht darüber ausgesprochen hat, in welchem Zusammenhang die Norm mit der notwendigen Einheitlichkeit der Entscheidung in Ehesachen steht, wird aber die Rechtsprechung abgrenzen müssen. Und weil in Ehesachen nur einheitlich

entschieden werden kann, sollte man die Revisibilität auch für die anderen Gründe bejahen, sofern nur auch aus EheG § 48 geschieden worden ist und dabei über die Erheblichkeit bzw. die Unerheblichkeit des Widerspruchs entschieden worden ist. War indes die Scheidung auf EheG § 48 gestützt und ist aus anderen Gründen geschieden worden, so liegt ein Fall des § 547 I nicht vor. Andererseits muß es demjenigen, der die Scheidung nach EheG § 48 bekämpft, noch möglich sein, auf seinen (Wider-) Klageanspruch aus anderen Gründen zu verzichten, um so entscheiden zu lassen, ob die von der Gegenseite auf § 48 EheG gestützte Entscheidung begründet ist.

Darüber hinaus sollte man die Revision, die sich auf Verletzung des EheG § 48 stützt, auch dann zulassen, wenn einer Widerklage auf Scheidung stattgegeben wurde, gleichviel worauf sie gestützt wurde, nämlich wegen der Einheitlichkeit der Entscheidung in Ehesachen, soweit dies den Revisionkläger beschwert, und zwar ohne Rücksicht darauf, ob sich die Entscheidung zur Widerklage auf EheG § 48 stützt.

Ist dagegen die Scheidungklage aus § 48 EheG abgewiesen, weil ein Widerspruch für beachtlich erklärt worden ist, so wird man nur die Revision in bezug auf diesen Klagegrund zulassen dürfen; nicht aber wegen anderer Klagegründe, die ebenfalls aberkannt worden sind.

Die Anschlußrevision sollte man dagegen wegen der Einheitlichkeit der Entscheidung in Ehesachen schlechthin zulassen, gleichviel auf welchen Klagegrund sie sich stützt.

§ 640 (—)

I Auf einen Rechtsstreit, der die Feststellung des Bestehens oder Nichtbestehens eines Eltern- oder Kindesverhältnisses zwischen den Parteien oder die Feststellung des Bestehens oder Nichtbestehens der elterlichen Gewalt der einen Partei über die andere zum Gegenstand hat, sind die Vorschriften der §§ 613, 617, 618, 619, des § 622 Abs. 1 und der §§ 625, 626, 628 und 635 entsprechend anzuwenden.

II Mit einer der in Absatz 1 bezeichneten Klagen kann eine Klage anderer Art nicht verbunden werden. Eine Widerklage anderer Art kann nicht erhoben werden.

A. Der zweite Abschnitt des sechsten Buches betrifft den **Kindschaftprozeß.**

A II. Unter den **Begriff** des Kindschaftprozesses (§§ 640, 641) fallen nur die Klagen auf Anfechtung der Ehelichkeit eines Kindes, die auf die positive oder die negative Feststellung des Bestehens eines Kindschaftverhältnisses und die auf die positive oder die negative Feststellung der elterlichen Gewalt.

B. Über die Anfechtungklagen vgl. §§ 641, 641a.

C. Die positive wie die negative **Bestandfeststellungklage** eines Kindschaftverhältnisses ist der zweite Fall der Kindschaftprozesse (Statusklagen). Er bezieht sich sowohl auf eheliche wie auf uneheliche Kinder (arg. § 644).

C I. Parteien des Statusprozesses sind

a) als Kläger(in) oder Beklagte(r) nur die im folgenden genannten Parteien (RGZ 76/286); wobei eine Umkehr der Parteirollen zulässig ist; sie ist eine Frage der Initiative des Angreifenden. Daß die Feststellungwiderklage überlagert wird, ergibt sich aus § 256; später erhobene Feststellungklagen sind deshalb unzulässig, soweit sie zwischen denselben Parteien ausgetragen werden. Vgl. aber § 640 F III f im Falle des Todes einer Partei.

a 1. Der (angebliche) eheliche **Vater**, auch der Adoptivvater, der, der es durch Ehelichkeiterklärung oder der es durch Legitimation in nachfolgender Ehe geworden ist, kann für die positive wie die negative Klage gegen das Kind Partei sein. Im Verhältnis zum **Ehemann der Mutter** geht die positive Feststellungklage auf das Bestehen des Adoptivvertrages (BGB §§ 1741 folg,) oder das der Ehelichkeit (BGB §§ 1591, 1592, 1600), auf das der Legitimation (BGB §§ 1719f., 1723 folg.); und die negative auf Feststellung darauf, daß von dem Manne das Kind nicht abstamme (das regelmäßig unehelich sein wird, BGB § 1593; aber in dem Falle des BGB § 1600 auch ehelich sein kann). Die Klage auf die blutmäßige Abstammung unehelicher Kinder darf in negativer wie in positiver Form gegen und für das Kind bzw. den unehelichen

Vater erhoben werden; sofern das Kind nicht ehelich ist; doch ist auch das den beiden Eltern unterschobene Kind nicht ehelich.

a 2. Im Verhältnis zur **Mutter** kann nur die Frage der blutmäßigen Abstammung von ihr, nicht die der Ehelichkeit oder der Unehelichkeit des Kindes (OLG NJW 56/512 hat deshalb bei einer Klage des Kindes gegen die Mutter auf Feststellung seiner Unehelichkeit verneint, daß es sich um eine Statusklage handele) und die der Wirksamkeit einer von ihr vorgenommenen Adoption (vgl. RG JW 33/160) Streitgegenstand sein (RGZ 102/360). Die Klage des Kindes gegen die Mutter oder die der Mutter gegen das Kind über die blutmäßige oder die eheliche Abstammung von einem bestimmten Mann ist unzulässig, weil es sich um das Rechtsverhältnis des Kindes zum Manne handelt; anders ist es, wenn die Mutter in die Stellung des Mannes, etwa als Gesamtrechtsnachfolger eingerückt ist (doch ist es dann keine Statusklage mehr).

a 3. Das **Kind** ist beklagte Partei in beiden Klagen, sowohl in der des (angeblichen) Vaters wie in der der (angeblichen) Mutter. Mit dem Tode auch nur einer Partei erledigt sich die Statusklage in der Hauptsache (§ 640 F III f). Die Klage des unehelichen Kindes gegen die Erben der unehelichen Mutter auf Feststellung der Kindschaft ist keine Statusklage (RGN § 640/1). Doch kann die Klage als gewöhnliche Feststellungklage (§ 256) zulässig sein (dabei kommt es aber dann auf das bestehende Rechtsverhältnis an, RGZ 102/360). Dasselbe gilt für die Klage im Erbstreit, wenn die Parteien darüber streiten, ob das Kind durch nachfolgende Ehe Kind des Erblassers ist (OGHZ 1/51; darüber, daß das Vormundschaftgericht die Eintragung in das Geburtenbuch verfügt, vgl. PStG § 31). Über nachträgliche Feststellungen mit Wirkung gegen jedermann vgl. § 641 B II b 1.

a 4. Klagen dritter kommen als Statusklagen nicht in betracht; also nicht die Klage des dritten gegen den Vater oder die Mutter auf Feststellung, daß das Kind von ihnen abstamme (RGZ 76/283); auch nicht die Klage der Mutter als Erbin des Mannes gegen das Kind um die Erbschaft und nicht die Klage der Eltern der Eltern des Kindes oder der Erben der Eltern des Kindes gegen das Kind. Soweit hier das Anfechtungrecht in betracht kommt, vgl. § 641 B I b und § 640 C I b 5.

b) Die Klage auf **Feststellung der blutmäßigen Abstammung** im Verhältnis des unehelichen Kindes zu seinem Erzeuger fällt unter § 640 I.

b 1. Das uneheliche Kind wird von Staats wegen nicht schlechter gestellt als das eheliche (GG Art. 6 V). Doch wird das individuelle Interesse an der blutmäßigen Abstammung nur bei unehelichen Kindern und im Anfechtungstreit gesetzlich anerkannt. Die Klage des (angeblichen) außerehelichen Erzeugers gegen das eheliche Kind wird nicht zugelassen (vgl. RGZ 163/399), und auch nicht die blutmäßige Feststellungklage des ehelichen Kindes gegenüber einem anderen als dem sonst in betracht kommenden Ehemann (vgl. RGZ 167/402; OGHZ 2/123).

b 2. Wird die Klage auf Feststellung der ehelichen Kindschaft bzw. die der blutmäßigen Feststellung des unehelichen Kindes rechtskräftig abgewiesen, so gibt es keine Unterhaltklage mehr (LG JMBl. NRW 54/188). Im übrigen gilt § 644 unmittelbar und entsprechend. Anerkenntnis (§ 307, OLG JW 38/3308 [21]) und Verzicht (§ 306) gibt es im Statusprozeß nach § 640 I nicht; der letzte ist in die Klagerücknahme umzudeuten (§§ 640 I, 635, LG ZZP 68/473).

b 3. Im Statusprozeß des § 640 I dürfen nur die zu § 640 C I a 1 drei Genannten klagen und verklagt werden. Der Staat hat kein Klagerecht, auch darf die Klage nicht gegen ihn gerichtet werden, selbst wenn der Erzeuger inzwischen verstorben ist (BGHZ 25/351, a.M. OLG FamRZ 57/1329); aber das Klagerecht haben auch nicht sonstige, an dem Rechtsverhältnis nicht unmittelbar beteiligte Personen; die Feststellung blutmäßiger Abstammung von einem bestimmten Vater ist also nicht durch Klage des Kindes gegen die Mutter zulässig, auch nicht nach dem Tod des Vaters (RGZ 169/404 a. M. OLG NJW 52/942). Im Gegensatz hierzu hat OLG NJW 54/1527 ein in der Ostzone ergangenes Statusurteil der Mutter auf Feststellung der Unehelichkeit des Kindes gegen den im Westen lebenden Ehemann gelten lassen und LG FamRZ 55/368 hat auch im Westen die Klage gegen die Mutter zugelassen, wenn der Erzeuger verstorben ist. Auch das durch nachfolgende Ehe legitimierte Kind kann nicht gegen die Mutter klagen, daß es nicht vom Ehemann der Mutter, sondern einem bestimmten anderen

Mann abstamme (RG StAnz. 43/107). Das Vaterschaftanerkenntnis eines anderen Mannes steht der Klage nicht entgegen (RGZ 165/186). Soweit man Zahlvaterschaftklagen zuläßt (vgl. § 256 B I b 17), sind sie vermögensrechtlicher Art (§ 2 A I b 2); die Abstammungklagen sind nicht vermögensrechtlicher Art (RGZ 165/250, § 2 A I b 1). Ein Vergleich über die blutmäßige Abstammung ist rechtlich unwirksam. Die negative Feststellungklage darf nur bei Berühmung zugelassen werden; sie darf auch von dem erhoben werden, der als unehelicher Vater gilt, es aber blutmäßig nicht ist (vgl. RGZ 169/221). Die sonstige frühere Rechtsprechung zu diesem Problem ist durch das FamilienrechtänderungG v. 11. 8. 1961 (BGBl. I 1221) überholt.

Das Feststellunginteresse entfällt mit dem Tode des Erzeugers (vgl. RGZ 169/404) wie dem des Kindes (OLG SchlHA 56/269; RGZ 163/100 hat § 628 entsprechend angewandt); wenn Nachkommen vorhanden sind, kann das Feststellunginteresse in deren Person gegeben sein, aber aus ihrer Rechtstellung heraus, nicht aus der der ursprünglichen Parteien. Es gibt also keinen Statusprozeß für oder gegen Erben (RGZ 163/100; vgl. auch LG FamRZ 55/151). Über den Übergang des Anfechtungrechts vgl. § 641 a; BGB § 1595 a. Über sonstige Feststellungklagen dritter vgl. § 640 C I a 4.

b 4. Die **Feststellungklage ist unzulässig** von dem und **gegen das eheliche Kind** (vgl. BGB §§ 1591, 1592, 1593; RGZ 169/222, BGH NJW 57/1067 mit abweichender Begründung), auch bei Legitimation durch nachfolgende Ehe, sobald diese nach PersonenstandG § 31 rechtskräftig festgestellt worden ist, oder wenn das Kind durch den Staat für ehelich erklärt worden ist (BGB §§ 1723 folg., vgl. OLG DR 42 A 532); anders ist dies bei der Adoptivvaterschaft, soweit es um die außerhalb der Adoption liegende Stellung des Kindes geht (nicht aber haben die Adoptiveltern oder der eine Adoptivelternteil gegen den anderen ein Klagerecht). Die Feststellung, daß es ungewiß sei, ob ein solches Verhältnis bestehe, ist unzulässig (RGZ 164/286; abweichend BGHZ 17/252: die Klage sei unbegründet).

b 5. Über die Wirkung fehlerhafter Verfahren vgl. § 640 F IV b.

b 6. Ist die uneheliche Vaterschaft des Klägers ungewiß, so hat BGHZ 17/252 die Klage auf Nichtbestehen der Vaterschaft als unbegründet abgewiesen (obwohl die Beweislast das Kind hat).

C II. Klagegrund ist das bestehende oder das nicht bestehende **Kindschaftverhältnis** i. S. des § 640 I.

a) Auszugehen ist von BGB §§ 1591, 1592, 1600. Die Nichtigkeit der Ehe macht das Kind nicht mehr zu einem unehelichen (BGB § 1591 I 1). Der Nachweis des Geburtzeitpunktes gehört hierher, wenn er über die Abstammung entscheidet. Unter die Klage fällt auch die Kindesunterschiebung (RGZ 76/283); die, daß der Annahmevertrag unwirksam sei (BGB §§ 1774 folg.), obwohl auch hier die Aufhebung durch das Adoptiongericht nach BGB 1770 folg. zulässig ist (vgl. RGZ 158/156); auch daß die Aufhebung der Adoption nichtig sei, kann geltend gemacht werden, ebenso die Nichtigkeit der Legitimationerklärung des Staates nach BGB §§ 1723 folg. (doch wird ein solcher Nichtigkeitfall selten sein, vgl. BGB § 1735; etwa wenn die absolut unzuständige Behörde legitimiert).

Bei der Legitimation des Kindes durch nachfolgende Ehe (BGB §§ 1719 folg.) kann nach rechtskräftiger positiver Feststellung des Vormundschaftgerichts nach PersonenstandG § 31 nur die Anfechtungklage erhoben werden (§ 641 B III b 3; a. M. BayObLG HEZ 2/194), anders bei ablehnender Entscheidung des Vormundschaftgerichts, sie hindert nicht die positive Feststellungklage des Mannes oder des Kindes (nicht der Mutter), oder wenn das Vormundschaftgericht überhaupt nicht entschieden hat (BGH NJW 57/1067 verneint aber das Feststellunginteresse, so lange das Vormundschaftgericht nicht entschieden hat). Der Streit des unehelichen Kindes gegen den Mann der Mutter, der sie nachträglich geheiratet hat, ist Statusklage, soweit die Legitimation nicht vom Vormundschaftgericht festgestellt worden ist; oder auch umgekehrt der, daß es nicht durch die nachfolgende Ehe legitimiert worden ist, solange die Feststellung des Vormundschaftgerichts fehlt.

b) Wird das Bestehen eines **Kindschaftverhältnisses festgestellt,** so wirkt dies für und gegen alle (§ 643 I 1). Dies gilt auch für die negative Feststellung, wenn auch mit der Einschränkung des § 643 I 2.

b 1. Doch ist es zulässig, die Frage des Bestehens eines Kindschaftverhältnisses **als Vorfrage** in anderen Prozessen im Verhältnis zu dritten auszutragen; also bei Streit der unehelichen Mutter mit dem Mann, der das Kind als eheliches auf Grund einer **nichtigen** Ehelichkeiterklärung in Anspruch nimmt (vgl. RGZ 122/24, aber auch BGB § 1735), oder bei dem Streit der natürlichen Eltern mit den Adoptiveltern um das Kind bei nichtigem Annahmevertrag (RGZ 125/265).

b 2. Im Verhältnis der Beteiligten zueinander ist die Zulässigkeit, über das Kindschaftverhältnis als Vorfrage entscheiden zu dürfen, zu verneinen (vgl. § 154 II; RGZ 102/362).

c) Einer Klage auf Bestehen des Kindschaftverhältnisses darf nicht die auf Nichtbestehen entgegengesetzt werden, da sie sich **überlagern,** wie umgekehrt (§ 256 C IV a 2). Um keine Bestandfeststellungklage handelt es sich, wenn nur die Anfechtungklage zulässig ist; dann ist die negative Bestandfeststellungklage des Kindes, gestützt auf den (nicht geltend gemachten) Anfechtunggrund, unbegründet.

D. Der dritte Fall der Statusklage betrifft die positive oder die negative Feststellung des **Bestandes der elterlichen Gewalt** der einen Partei über die andere.

D I. Die **Parteirollen** können hier umgekehrt werden.

a) Doch ist **nur der Streit zwischen dem Kinde und dem Elternteil,** der die elterliche Gewalt für sich beansprucht, als Statusprozeß zu betreiben. Da der unehelichen Mutter die elterliche Gewalt nicht zustand (BGB § 1707), war ihre Klage gegen das Kind auf Feststellung dieser Gewalt unbegründet; aber sie ist Statusprozeß (RGZ 102/360); seit dem 1. 4. 1953 sollte man der unehelichen Mutter die elterliche Gewalt nicht mehr verwehren, da sie ja auch dem unehelichen Vater gegeben wird, der sein Kind für ehelich erklären läßt (GG Art. 3 II; die Praxis weicht von der hier vertretenen Ansicht ab); BGB § 1707 II läßt es nur zu, daß der volljährigen (BGB § 2) Mutter auf Antrag vom Vormundschaftgericht die elterliche Gewalt übertragen werden darf. Ebenso ist der Prozeß des Adoptivvaters bei nichtigem Adoptionvertrag, der des Vaters des für ehelich erklärten Kindes bei **Nichtigkeit** des Staatsaktes Statusverfahren.

b) Kein Statusverfahren ist die Klage des einen Elternteils gegen den anderen, die der Adoptiveltern und der natürlichen Eltern, die zwischen dem Vater oder der Mutter und dem Jugendamt. Bei für nichtig erklärter, aufgehobener und geschiedener Ehe (BGB § 1671) wird daher bei Streit um das Sorgerecht unter den Eltern vom Vormundschaftgericht im Verfahren der freiwilligen Gerichtbarkeit entschieden (BGB § 1671). Diese Entscheidung kann nicht einem Streit zwischen Elternteil und Kind zugrunde gelegt werden, da der Wille des Kindes insoweit unerheblich ist.

D II. Der **Klagegrund** ist nur dort gegeben, wo der Wille des Kindes schon erheblich sein kann, also wenn das Kind sich berühmt, volljährig oder für volljährig erklärt worden zu sein (BGB §§ 3 folg.).

a) Möglich ist der Prozeß bei Verwirkung der elterlichen Gewalt nach BGB §§ 1676, 1679 oder bei Unfähigkeit zur Vormundschaft (BGB § 1780) oder zur Pflegschaft (BGB § 1915). In diesen Fällen muß aber das Kind anderweit gesetzlich vertreten sein, im besonderen durch den anderen Elternteil (vgl. BGB § 1679).

b) Doch ist der **Prozeß** des Vaters mit dem Kinde mit der Begründung, daß er lebt, **unzulässig,** wenn der Vater für tot erklärt war, weil er dann mit der Erklärung an das Vormundschaftgericht die elterliche Gewalt zurückgewinnen kann (BGB § 1681 II); es fehlt hier am Feststellunginteresse (§ 256 C). Bei Kindern aus nichtigen Ehen kommt ein Zweifel, der im Prozeß auszutragen ist, nicht mehr in betracht. Ist das Ruhen der elterlichen Gewalt zweifelhaft, selbst wenn das Vormundschaftgericht dies festgestellt hat (BGB § 1674), so wird der Streit darüber vom Vormundschaftgericht entschieden, indem es feststellt, daß der Grund des Ruhens nicht mehr besteht (BGB § 1674 III). Wo sonst ein dritter im eigenen Namen seinen Willen geltend macht, liegt kein Statusprozeß vor, also nicht, wenn der Pfleger gegen den Vater klagt, dem das Vormundschaftgericht die Gewalt nach BGB § 1666 entzogen hat, oder wenn der Elternteil für tot erklärt worden ist (BGB § 1677).

D III. Das **Urteil wirkt** auch hier für und gegen alle, doch wieder mit der Einschränkung des § 643 I 2 (§ 643 A II b).

E. Soweit die inländischen Gerichte zur Entscheidung nach ausländischem Recht berufen sind (vgl. § 642 A III), gilt das außerprozessuale ausländische Recht; inländisches Recht ist nur anzuwenden, soweit dies EG BGB Art. 18—22 bestimmen.

E I. Prozessual sind auch diese Klagen **Statusklagen,** soweit sie unter §§ 640, 641 fallen, was nach inländischem Prozeßrecht zu beurteilen ist. Ob das ausländische Verfahrenrecht eine solche inländische Feststellung zuläßt, ist nicht zu prüfen (vgl. § 642 A III).

E II. Für die **Ehelichkeit des Kindes** gilt der allgemeine Grundsatz, daß sie nach den Gesetzen des Staates beurteilt wird, dem der Ehemann der Mutter z. Z. der Geburt angehörte oder dem er bei seinem früheren Tode im Zeitpunkt des Todes angehörte (KG OLG 42/97). Dementsprechend regelt EG BGB Art. 18 die Anwendung des inländischen Rechts ausdrücklich in bezug auf die Ehelichkeit des Kindes.

a) Für **Staatenlose** gilt EG BGB Art. 29 (vgl. § 606 E I c). Bei **gemischter Staatsangehörigkeit** genügt es, wenn eine die deutsche ist, andernfalls müssen die Rechte aller in betracht kommenden Staaten die inländische Entscheidung zulassen.

E III. Für das **Rechtverhältnis eines ehelichen Kindes** zu seinen Eltern gilt die allgemeine Regel, daß es nach dem Recht des Staates beurteilt wird, dem der Vater oder dem, falls er verstorben ist, die Mutter angehört (RG JW 32/588). Kommt es zu einen Prozeß der oder mit der Mutter, so wird es jetzt auf ihre Staatsangehörigkeit abzustellen sein (GG Art. 3 II). Soweit hier ausländisches Recht auf inländisches Recht verweist, ist dann dieses anzuwenden (EG BGB Art. 27 in entsprechender Anwendung, RG JW 11/208). Den Grundsatz bringt EG BGB Art. 19 I 1 zum Ausdruck. Bei Wechsel der Staatsangehörigkeit ändert sich — abgesehen von dem Fall des EG BGB Art. 19 I 2 — das anzuwendende Recht (RGZ 81/373). Über den Begriff des Deutschen vgl. FamilienrechtänderungG Art. 9 Abschnitt II 5.

a) Für **Staatenlose** gilt EG BGB Art. 29 und damit praktisch dasselbe wie für Deutsche, so daß der Unterschied zu denen, welche den Deutschen gleichgestellt sind, weil sie sich im Inland aufhalten, nicht praktisch wird.

b) Bei gemischter Staatsangehörigkeit genügt, daß eine die deutsche ist, andernfalls müssen sämtliche in betracht kommenden Rechte die inländische Entscheidung zulassen und rechtfertigen. Nach der eng auszulegenden Ausnahme des EG BGB Art. 19 I 2 gilt jedoch inländisches Recht, wenn die deutsche Staatsangehörigkeit des Kindes bestehen geblieben ist, mag auch die der Eltern erloschen sein.

E IV. Das **Rechtsverhältnis des unehelichen Kindes** zu seiner Mutter bestimmt sich nach dem Recht des Staates, dem die Mutter angehört (RGZ 119/44), bei Staatenlosen aber nach dem Recht des Staates, welchem die Mutter zuletzt angehörte (KG JW 36/392). Dem entspricht die Norm des EG BGB Art. 20 I 1. Bei gemischter Staatsangehörigkeit genügt es, wenn eine die deutsche ist; andernfalls müssen sämtliche in betracht kommenden Rechte die inländische Entscheidung zulassen und rechtfertigen. Ist aber das Kind deutsch, so kommt es darauf, welche Staatsangehörigkeit die Mutter hat, nicht an, sofern sie die deutsche nur irgendwann einmal hatte (nicht notwendig im Zeitpunkt der Geburt, EG BGB Art. 20 I 2).

Über den Begriff des Deutschen vgl. FamilienrechtänderungG Art. 9 Abschn. II 5.

a) Die **Legitimation** eines unehelichen Kindes durch nachfolgende Ehe oder durch Staatsakt sowie die Annahme an Kindes Statt richten sich grundsätzlich nach dem Recht des Staates, den der Vater oder die Mutter (GG Art. 3 II), — soweit diese in betracht kommt — bzw. der Annehmende z. Z. der Legitimation (also der Eheschließung bzw. der Wirksamkeit des Staatsaktes bzw. der Annahme) angehören (RGZ 125/265). Die Wirkung der Legitimation bzw. die der Annahme bestimmt sich nach dem Heimatrecht des Legitimierenden bzw. dem des Annehmenden (RGZ 103/19 in RGRKomm. Vorb. 2 vor BGB § 1744). Ein späterer Wechsel ist bedeutungslos. Dem entspricht EG BGB Art. 22 I. Kommen in anderen Fällen (also wo der Vater oder die Mutter — soweit diese in betracht kommt — bzw. der Annehmende zur maßgebenden Zeit nicht Deutsche sind) verschiedene Staatsangehörigkeiten in Betracht, so müssen

ihre Rechte übereinstimmen. Bei gemischter Staatsangehörigkeit bzw. verschiedener Staatsangehörigkeit der Eltern — soweit die Mutter in betracht kommt bzw. der Annehmende — genügt, daß eine die deutsche ist, während sonst alle in betracht kommenden ausländischen Rechte in der Zulassung der inländischen Entscheidunggewalt übereinstimmen müssen. Bei verschiedener Staatsangehörigkeit der Annehmenden muß die Bestätigung nach dem Heimatrecht beider zulässig sein (KG JW 33/2066). Verweist das ausländische Recht auf inländisches, so gilt nur dieses (EG BGB Art. 27 in entsprechender Anwendung, KG JW 33/2066 für Adoption, KG StAZ 31/51 für die nachfolgende Eheschließung). Ist das Kind deutsch, so gelten Legitimation oder Annahme nur, wenn die nach inländischem Recht erforderliche Einwilligung des Kindes bzw. für das Kind — die Frage der Einwilligung bestimmt sich nach deutschem Recht (RGZ 125/268) — wirksam ist (EG BGB Art. 22 II, für die Form der Einwilligung vgl. EG BGB Art. 11). Diese Bestimmung darf nicht ausgedehnt werden. Ist ein deutsches Kind durch Eheschließung im Auslande ehelich geworden, so bedarf es der Genehmigung des inländischen Vormundschaftgerichts nach OLG Recht 35/8378. Ist schließlich die Annahme oder die Legitimation durch die inländische Behörde ausgesprochen worden, so gilt sie, selbst wenn sie nach ausländischem Recht unzulässig wäre; es sei denn, daß ein nichtiger Hoheitakt vorläge. Die Adoption vollzieht sich nach dem Recht der freiwilligen Gerichtsbarkeit. Ob hier die Bestätigung nach inländischem Recht zulässig ist, wenn das ausländische für seine Staatsangehörigen besondere Formen vorschreibt, welche nach inländischem Recht nicht erfüllt werden können, ist von KG IPRspr. 30/ Nr. 96 verneint worden (vgl. dagegen OLG SJZ 50/909).

b) Die ausländischen Normen über die Beendigung der elterlichen Gewalt durch **Verheiratung der Tochter** mit einem Ausländer sind im Inlande anzuwenden (RGZ 91/403). Die Anfechtung der Ehe richtet sich dabei nach deutschem Recht, wenn der Vater und bzw. oder die Mutter (GG Art. 3 II) Deutsche sind.

F. In den Statusverfahren des § 640 I gilt prozessual Sonderrecht, das grundsätzlich dem in Ehestreiten entspricht (§§ 606 folg.), das aber im einzelnen doch **Besonderheiten** aufweist. Die Besonderheiten im Verhältnis zu den Ehestreiten bestehen in den folgenden:

F I. Über den Ausschluß der **Öffentlichkeit** sind hier keine Sondernormen gegeben. GVG § 170, der sich nur auf Ehesachen bezieht, ist nicht entsprechend anzuwenden (BGH NJW 56/1441).

F II. § 640 I erklärt nur die §§ 613, 617, 619, 622 I, 625, 626, 628, 635 für entsprechend anwendbar.

Einstweilige Sorge- und Unterhaltsanordnungen wie im Scheidungrecht nach §§ 627—627c kommen nicht in betracht, wohl aber gibt es gewöhnliche einstweilige Verfügungen (soweit nicht das Vormundschaftgericht zum zuge kommt).

F III. Die entsprechende Anwendung der Vorschriften des Eheprozesses **wirkt sich wie folgt aus:**

a) eine **Mitwirkung des Staates** kommt in den Kindschaftprozessen nicht mehr in betracht.

b) Das Verhältnis der im Statusprozeß nach § 640 I zu erhebenden **Klagen und Widerklagen** regelt § 640 II. Er verbietet die Klageverbindung mit anderen als Kindschaftklagen nach § 640 I, läßt aber die Verbindung dieser zu. An der Parteistellung (richtiger Kläger, richtiger Beklagter) wird dadurch nichts geändert. Sie muß stets gegeben sein. Die Anfechtungklage gehört zu den Gestaltungklagen als Leistungklage (vgl. § 253 C I b); im Verhältnis zu ihr sind Klage- bzw. Widerklageverbindungen mit der Klage aus § 640 I unzulässig (vgl. § 641 C). Die Feststellungklagen sind dem § 256 unterworfen (BGH NJW 52/935).

b 1. Die Klagen auf Anfechtung können deshalb neben der positiven und der negativen Bestandklage wie neben der auf Feststellung des Gewaltverhältnisses erhoben werden. Doch wird, wenn der Anfechtung stattgegeben wird, die auf Bestand oder Nichtbestand bzw. auf das Gewaltverhältnis hinfällig. Die Klage auf Bestand kann nicht neben der auf Nichtbestand durch denselben Kläger geführt werden, dann sind beide unzulässig. Wohl aber kann die positive Bestandklage mit der positiven Gewaltklage, aber auch mit der negativen verbunden werden. Positive und negative Gewaltklage können miteinander nicht verbunden werden, sie **sind,** wenn dies geschieht, beide unzulässig.

b 2. Dagegen ist die **Klageverbindung mehrerer Klageberechtigten** zulässig, etwa die des Mannes und seiner Frau gegen das Kind auf Bestehen oder Nichtbestehen des Kindschaftverhältnisses, die mehrerer Männer auf Nichtbestehen blutmäßiger Abstammung zu einem unehelichen Kinde. Eine klageberechtigte Partei darf im Verfahren der anderen im Laufe des Verfahrens beitreten (noch in der Revisioninstanz: vgl. BGH LM-BGB § 1595a/1). Auch kann die Klage auf ein bestehendes Gewaltverhältnis des Mannes mit der der Frau verbunden werden. Praktisch ist der Fall geworden, wo das Kind die Klage auf Nichtbestehen des Kindschaftverhältnisses gegen beide Gatten erhoben hatte (vgl. RG LZ 17/6049). Die Trennung solcher verbundenen Klagen ist insoweit unstatthaft, wie notwendige Streitgenossenschaft vorliegt. Die Verbindung (§ 147) getrennt erhobener Statusklagen in Kindschaftsachen nach § 640 I ist zulässig und ist sogar geboten, wenn dadurch eine notwendige Streitgenossenschaft nach § 62 entsteht. Die Verbindung einer Kindschaftklage mit anderen Streiten ist zwar unzulässig, führt aber nur zur Trennung der Verfahren von gerichts wegen (§ 145).

b 3. Sonst ist die **Beteiligung dritter,** welche nicht Partei sein können, als Streitgehilfen nach §§ 67 folg. zulässig; der Streitgehilfe, der auch Partei sein könnte, ist dann regelmäßig selbständig (§ 69, vgl. RG DR 44/914).

b 4. Widerklagen sind nur als Klagen aus § 640 I zulässig (§ 640 II 2). Andere Widerklagen werden von gerichts wegen getrennt (§ 145 I). Es können aber nicht einer Widerklage der negativen die positive oder umgekehrt erhobene Bestand- oder Gewaltverhältnisklage entgegengesetzt werden, weil dem das Verbot der Klageüberlagerung entgegensteht (§ 256 C IV a 2). Anfechtungwiderklagen gegen Statusklagen aus § 640 I sind unzulässig (§ 641 III). Der positiven oder der negativen Bestandfeststellungklage darf die positive oder die negative Gewaltverhältnisklage entgegengesetzt werden; dabei müssen aber für jede die besonderen Prozeßbedingungen des § 256 gegeben sein.

c) Die für anwendbar erklärten Bestimmungen der **§§ 613, 617, 622 I** haben folgende Wirkungen:

c 1. Über die Prozeßvollmacht des Klägers vgl. § 613. Die Vorschrift sollte auf positive Bestandfeststellungklagen nicht angewandt werden. Dem prozeßunfähigen Kind muß ein Pfleger bestellt werden (BGB § 1909), soweit es keinen gesetzlichen Vertreter hat (vgl. BGB §§ 1678, 1679 II, 1681 II; BGH NJW 58/709). Auch hier setzt RG Warn. 37/103 den Wiederaufnahmekläger dem Kläger gleich, auch wenn er Beklagter ist.

c 2. Das Gericht darf von sich aus im selben Umfang wie bei Ehenichtigkeitklagen in den Streit eingreifen (§§ 617, 622 I), d. h. es darf auch neue Tatsachen einführen und alle Beweise (RGZ 163/322, auch Zeugenbeweise ohne Parteiantrag) erheben (vgl. BayObLG Rpfl. 49/471). Das Untersuchungsrecht gestattet indes dem Gericht nicht, einer armen Partei (im besonderen dem beklagten Kinde) das Armenrecht mit der Begründung zu verweigern, daß es selber prüfen werde (OLG JR 48/291). Allerdings gilt auch im Statusprozeß § 114 (OLG NJW 58/464). Die Regeln des Eheprozesses über die Wirkung des Nichtbestreitens, des Zugestehens und des sich nicht Erklärens gelten auch hier.

c 3. Die **Behauptung- und die Beweislast** werden aber dadurch nicht verändert (vgl. RGZ 168/189); im besonderen gibt es auch hier keine Umkehr der Beweislast infolge umgekehrter Parteirolle, wenn etwa negative Feststellungklage erhoben wird (a. M. RGZ 168/189). Dementsprechend bedeutet auch hier die Abweisung der negativen Feststellungklage, daß positiv festgestellt wird (§§ 256 B I c 1, F II, 640 C I b 5; a. M. BGHZ 17/259 m. N. unter Aufgabe von BGHZ 5/385, für die negative Feststellungklage auf blutmäßige Abstammung); daß eine Feststellung, daß die Abstammung ungewiß sei, unzulässig ist, hat RGZ 165/253 hervorgehoben. Über die Frage der Unzulässigkeit des reinen Ausforschungbeweises vgl. § 282 B II c 4; jedenfalls ist die Behauptung, daß ein Kind nicht von einer Partei abstamme, weil irgendein anderer Mann es erzeugt habe, eine hinreichende Behauptung (vgl. RGZ 169/282).

c 4. Doch hat RGZ 168/385 die Zurückweisung des Beweisantrages auf Herbeiführung eines erbbiologischen Gutachtens mit der Begründung, daß ein Mehrverkehr völlig ausgeschlossen sei, noch geduldet, und RGZ 169/223 hat es getan, wenn ein fester Anhaltspunkt für Mehrverkehr fehle — im Gegensatz zu den Beweisanträgen auf Herbeiführung einer

Blutgruppenuntersuchung. Doch hatte schon früher RGZ 168/191 erkannt, daß zur erbbiologischen Untersuchung Mann, Frau und Kind genügen (ebenso OGHZ 3/114). Nach RGZ 169/216 steht allerdings der Mehrverkehr der Mutter nicht mit Sicherheit fest, wenn auch die Vaterschaft nach erbbiologischem Urteil mit hoher Wahrscheinlichkeit ausgeschlossen ist. Auch RGZ 169/224 fordert, daß ein gewisser Anhalt für den Mehrverkehr vorhanden sein muß. Jedenfalls darf die beantragte erbbiologische Untersuchung nicht mit der Begründung abgelehnt werden, daß solche Gutachten häufig die gebotene Aufklärung nicht herbeiführen können (RGZ 168/191); RGZ 170/255 fordert das Gutachten, sobald Anhaltspunkte für den Mehrverkehr der Mutter bestehen. Umgekehrt hielt BGH LM-BGB § 1595 a/2 die erbbiologische Untersuchung nicht für erforderlich, wenn der Tatrichter für erwiesen hält, daß die Mutter in der Empfängniszeit nicht mit ihrem Ehemann geschlechtlich Verkehr hatte. Bezüglich der Untersuchungpflicht gilt § 372a, und es ist für das Kind kein wichtiger (triftiger) Grund, sich zu weigern, wenn seiner Mutter dadurch eine Straftat nachgewiesen werden kann (RGZ 169/225). Dabei wird regelmäßig kein Zeugnisverweigerungrecht der Kindesmutter gegeben sein (§ 385 I 2; a. M. für die blutmäßige Abstammung: RGZ 169/48). Jedenfalls müssen alle Erkenntnisquellen ausgeschöpft werden (RGZ 168/386); die zeitweilige schwierige Durchführbarkeit einer erbbiologischen Untersuchung kann die Unterlassung dieser Beweiserhebung nicht rechtfertigen, vgl. § 356 A I b. Darüber hinaus hat RGZ 165/254 erkannt, daß die Kindesmutter beeidigt werden muß, sofern der Sachverhalt nicht geklärt ist. Da RGZ 169/193 das eigene Urteil des Gerichts gegenüber dem Sachverständigenurteil zurückstellt, geht es noch über § 623 hinaus (ähnlich OGHZ 3/119, BGH JZ 51/643), während RG DR A 43/622 nur verlangt, daß besondere Fachleute, Erbbiologen, zum Gutachten herangezogen werden. Dabei ist auch der Hinweis des RGZ 169/224 zu beachten, daß auf Ähnlichkeiturteile von Laien kein Wert zu legen sei. Über die Frage der freien Beweiswürdigung bei Feststellung der offenbaren Unmöglichkeit vgl. § 282 D I; RG Warn. 12/171 nimmt sie uneingeschränkt an; daß ein erbbiologisches Urteil nicht den Beweiswert der Blutgruppenuntersuchungen hat, hat RG DR 44 A 43 hervorgehoben.

d) Im **weiteren Verfahren** gilt folgendes:

d 1. Die örtliche Zuständigkeit ist von gerichts wegen zu prüfen (BGH MDR 58/316). Über Anerkenntnis und Verzicht vgl. § 640 E I b 3. Das Versäumnisverfahren gegen den Beklagten gibt es nicht (§ 618), das gegen den Kläger geht auf Zurücknahme der Klage (§ 635). Über das Feststellunginteresse vgl. § 640 C I b 4.

d 2. Über die persönliche **Anhörung** vgl. § 619.

d 3. Über die **Zurückweisung verspäteten Vorbringens** vgl. § 626. Der Grundsatz des § 614 I gilt entsprechend.

e) Alle Kindschafturteile sind von **gerichts wegen zuzustellen** (§ 625), auch wenn es bloße Prozeßurteile sind (BGH FamRZ 54/42).

f) Der **Tod** eines Beklagten (OLG HRR 40/311), erledigt den Statusprozeß des § 640 I (über den des § 641 I vgl. § 641a) zur Hauptsache (§ 628, RGZ 163/100). Nur wenn dem Kinde Mann und Frau gegenüber stehen, hindert der Tod des Mannes oder der der Frau den anderen Prozeß nicht, weil sie selbständige Klagegründe haben.

f 1. Die Erledigung der Hauptsache ist von gerichts wegen zu beachten (RG Warn. 32/103).

f 2. Die Klagen des Kindes gegen den Vater des **verstorbenen Vaters** (OLG HRR 40/242) oder gegen die Mutter seines Vaters oder die gegen die Erben des Vaters (RGZ 163/101) oder gegen die uneheliche Mutter (RGZ 169/401 folg.; a. M. OLG DR 40 A 1069) oder die auf Wirksamkeit des Annahmevertrages nach dem Tode des Annehmenden (RG JW 33/160; vgl. BGB § 1753) bzw. die der Aufhebung des Annahmevertrags nach dem Tode des Annehmenden (vgl. BGB § 1770c) sind kein Statusprozeß.

F IV. Für die **Rechtsmittelinstanz** gilt folgendes:

a) Das Rechtsmittel erfordert grundsätzlich die **Beschwer.**

b) War — zu unrecht — im Statusprozeß verfahren, so kann sich dagegen nur der — durch das Statusverfahren in seinem Rechte zurückgedrängte — Kläger wenden, und zwar mit der

Rüge aus § 286. War zu unrecht im gewöhnlichen Verfahren vorgegangen, so muß getrennt werden (§ 147), noch in der Revisionsinstanz, wenn verbundene Ansprüche geltend gemacht waren; über die, welche im gewöhnlichen Verfahren abzuurteilen waren, ist dann wie gewöhnlich zu entscheiden. RGZ 5/165 folg. hat, als im Eheherstellungsverfahren verhandelt wurde, die vermögensrechtlichen Ansprüche mit der Begründung als unzulässig abgewiesen, daß über sie im ordentlichen Verfahren zu entscheiden gewesen wäre; dies müßte im umgekehrten Falle dazu führen, die nicht vermögensrechtlichen herauszunehmen. Dem steht aber entgegen, daß jetzt auch die Berufunginstanz erstmalig über solche Ansprüche entscheiden darf (§ 540; a. M. BGH v. 24. 5. 1954 IV ZR 147/53). Darüber hinaus ist der Verfahrensunterschied nicht so erheblich, daß man nicht auch in der Revisioninstanz erkennen darf, wenn keine Rüge vorgebracht wird (a. M. RG DR 40 A 2265). Die Rüge müßte darlegen, was denn außer dem im ordentlichen Verfahren Entschiedenen noch an Prozeß- oder Beweismaterial vorgebracht worden wäre, und nur bei Erheblichkeit dieses Vorbringens wäre aufzuheben und zurückzuverweisen.

§ 641 (—)

I Wird die Ehelichkeit eines Kindes durch Klage angefochten, so sind die Vorschriften der §§ 613, 617, 618, 619, 622, 625, 626, 628 und 635 entsprechend anzuwenden.

II Der Mann und das volljährige Kind sind prozeßfähig, auch wenn sie in der Geschäftsfähigkeit beschränkt sind. Sind sie geschäftsunfähig oder ist das Kind noch nicht volljährig, so wird der Rechtsstreit durch den gesetzlichen Vertreter geführt; dieser kann die Klage nur mit Genehmigung des Vormundschaftsgerichts erheben.

III Mit der Anfechtungsklage kann eine andere Klage nicht verbunden werden. Eine Widerklage anderer Art kann nicht erhoben werden.

A. Für die Erhebung der **Anfechtungsklage,** nicht aber auch in den übrigen Fällen (also nicht bei positiver und negativer Kindschaftbestandfeststellungklage oder der über das elterliche Gewaltverhältnis) besteht die **veränderte** Prozeßfähigkeit nach § 641 II (vgl. § 612).

A I. In Erweiterung zur allgemeinen Prozeßfähigkeit (§ 51) ist der **in der Geschäftsfähigkeit beschränkte** eheliche Vater für prozeßfähig erklärt (§ 641 II). Dem entspricht BGB § 1595 I 2. Regelmäßig wird allerdings der inländische Ehemann auch voll geschäftsfähig (und prozeßfähig) sein (vgl. EheG § 1). Es kommen deshalb grundsätzlich nur die Fälle der Entmündigung wegen Geistesschwäche, Verschwendung, Trunksucht sowie der, wo jemand unter vorläufige Vormundschaft gestellt worden ist, in betracht (BGB § 114), wenn auch andere gesetzlich nicht ausgeschlossen worden sind. Entsprechend anzuwenden ist die Norm auf die anfechtungberechtigten Eltern bzw. den anfechtungberechtigten Elternteil (BGB § 1595a).

A II. Für den **geschäftsunfähigen Mann** darf nur der gesetzliche Vertreter mit Zustimmung des Vormundschaftsgerichts Klage erheben (§ 641 II 2), was BGB § 1595 II entspricht (die von dem Mann, der noch nicht geschäftsunfähig war, erhobene Klage fortführen, darf er ohne Zustimmung des Vormundschaftsgerichts). Dasselbe gilt für nicht vollgeschäftsfähige Eltern (bzw. den klagenden Elternteil).

A III. Die Norm gilt entsprechend für das **volljährige** (d. h. das über 21 Jahre alte) Kind (BGB § 2; in der DDR beginnt die Volljährigkeit schon mit Vollendung des 18. Lebensjahres: G v. 17. 5. 1950 [GBl. 437]; auch Ausländer können früher volljährig werden, vgl. EG BGB Art. 7), das nicht voll geschäftsfähig ist. Das minderjährige Kind wird durch seinen gesetzlichen Vertreter vertreten (BGB § 1597 I), der aber nur mit Genehmigung des Vormundschaftgerichtes anfechten darf (BGB § 1597 I); diese Genehmigung soll nur erteilt werden, wenn ein über 18 Jahre altes Kind (BGB § 1597 II) und die Mutter einwilligen (BGB § 1597 III), selbst wenn sie beschränkt geschäftsfähig ist; es sei denn, daß sie geschäftunfähig, ihr Aufenthalt unbekannt, sie die elterliche Gewalt verwirkt oder das Unterbleiben der Anfechtung dem Kinde unverhältnismäßig nachteilig wäre. Die erteilte vormundschaftliche Entscheidung unterliegt dem Verfahren des FGG. Soweit der eheliche Vater klagt,

wird auf seinen Antrag vom Vormundschaftgericht nach BGB §§ 1630 II, 1796, 1909 ein Pfleger zu bestellen sein; es sei denn, daß das Kind einen nicht behinderten gesetzlichen Vertreter, im besonderen einen solchen Vormund oder einen nicht behinderten Personenpfleger hat.

A IV. Für die **Postulationsfähigkeit** gilt keine Besonderheit.

B. Der Begriff der **Kindschaftanfechtungklage** ergibt sich aus außerprozessualem Recht.

B I. Anfechtungberechtigt sind nach BGB §§ 1594 folg. nur das Kind und der Ehemann der Kindesmutter; u. U. seine Eltern oder ein Elternteil. Über das Anfechtungsrecht der Mutter vgl. § 640 B I c.

a) Der Mann darf die Ehelichkeit des Kindes nach BGB §§ 1594, 1600 anfechten, vorausgesetzt, daß er in einer Ehe lebt oder gelebt hat und deshalb ihm ein von seiner Ehefrau geborenes Kind als sein eheliches Kind gesetzlich zugerechnet wird. Ist das Kind gestorben, so ist das vor dem Vormundschaftsgericht zu beantragen (BGB § 1599 II).

a 1. Das Anfechtungrecht (des Mannes) ist **höchstpersönlicher Art.** Es ist unübertragbar und unvererblich. Über die Prozeßfähigkeit des Ehemannes der Kindesmutter vgl. § 641 A I. Ist der Mann, ohne sein Anfechtungrecht verloren zu haben, gestorben und hat er auch nicht erklärt, daß er nicht anfechten wolle, so dürfen seine Eltern (gegebenenfalls der noch lebende Elternteil) die Ehelichkeit anfechten (BGB § 1595 a). Auch dieses Recht ist unübertragbar und unvererblich; doch gilt auch hier § 641 II entsprechend.

a 2. Es kann **rechtswirksam nur durch Klageerhebung** (§ 253 I) ausgeübt werden (BGB § 1599 II). Der Mann muß deshalb innerhalb eines Jahres von dem Zeitpunkt ab, wo er die Umstände erkannt hat, welche die Unehelichkeit ergeben bzw. ab Geburt, die Klage einreichen (§ 261 b III), mit deren alsbald danach bewirkter Zustellung dann die Anfechtung ausgeübt ist, wobei ihm aber auch noch die Fristhemmungen des BGB §§ 203, 206 zugute kommen (BGB § 1594 III). Die Frist ist nach außerprozessualem Recht bemessen (BGB §§ 186 folg.) und zu beurteilen. Nach ihrem Ablauf ist die später erhobene Klage des Mannes unzulässig; der Mann kann dann auch nicht mehr auf Feststellung klagen (OLG FamRZ 55/112).

b) Die Eltern des Mannes (bzw., wenn ein Elternteil gestorben ist, der Überlebende) haben das Anfechtungrecht nach dem Tode des Mannes, wenn es der Mann noch hatte und nicht erklärt hat, nicht anfechten zu wollen, innerhalb sechs Monate ab Kenntnis vom Tode des Mannes und der Geburt des Kindes wie der Anfechtungumstände (BGB § 1595 a I 2, 3, IV). Für die Frist gilt das zu § 641 B I a 2 Gesagte entsprechend (BGB § 1595 a I 4). Ausgeschlossen ist aber die Anfechtung, wenn seit Geburt des Kindes 10 Jahre verstrichen sind (BGB § 1595 a III).

c) Die **Frau** hat das dem Manne entsprechende Anfechtungrecht trotz GG Art. 3 II nicht. Soweit ihr ein Kind unterschoben wird, hat sie die Rechte aus § 640 I. Dann muß aber auch der Mann, wenn dem Ehegatten ein (auch nicht von der Frau stammendes) Kind unterschoben wird, ohne Anfechtung die Rechte aus § 640 I haben. Dagegen hat die Frau kein Anfechtungsrecht, wenn das Kind von ihr abstammt, sie nun aber meint, es stamme nicht aus ihrer Ehe. Sie kann dann nur versuchen zu veranlassen, daß das Kind, der Mann bzw. seine Eltern Klage erheben. Jedenfalls gehören die Klagen der Mutter oder eines sonstigen dritten gegen das (eheliche) Kind (RG Z 123/263) nicht zu den Anfechtungklagen.

d) Das Kind hat das Anfechtungrecht nach BGB § 1596, wenn der Mann tot oder für tot erklärt ist, ohne das Antragrecht verloren zu haben (BGB § 1596 I 1) durch Antrag beim Vormundschaftgericht (BGB § 1599 II); sonst durch Klage (BGB § 1599 I) im Fall der Scheidung, Aufhebung, Nichtigkeiterklärung der Ehe oder dreijährige Trennung der Eltern (BGB § 1596 I 2), wenn der Erzeuger die Mutter heiratet (BGB § 1596 I 3), wenn der Mann ehrlos, unsittlich oder sich schwer verfehlt hat (BGB § 1596 I 4) oder schwer erbkrank ist (BGB § 1596 I 5); für die ersten drei Fälle innerhalb zweier Jahre ab Kenntnis von den Umständen. Hat der gesetzliche Vertreter nicht (rechtzeitig) angefochten, so darf es das volljährig gewordene Kind innerhalb zweier Jahre ab Volljährigkeit (BGB § 1598). Über die sonstige Vertretung des Kindes vgl. § 641 A III.

B II. Im Anfechtungstreit gibt es **keine Umkehr der Parteirollen** (eine negative Feststellungklage gegenüber der Anfechtungklage ist unzulässig), auch können sich keine anderen als Partei in den Streit drängen, die nicht nach dem Anfechtungrecht dazu legitimiert wären.

a) Die **Anfechtungrechte des Mannes und des Kindes** sind grundsätzlich **selbständig.** Wegen der Einheitlichkeit des Streitgegenstandes wirkt die rechtskräftige Entscheidung aber grundsätzlich gegen beide, also sowohl gegen den Mann wie gegen das Kind (vgl. BGHZ 23/1); wenn auch die rechtskräftig abgewiesene Anfechtungklage des Mannes nicht die des Kindes hindert, sofern die Klage des Mannes wegen Fristversäumung abgewiesen wurde (vgl. RGZ 163/160) und das Kind noch fristgerecht anfechten darf (BGB §§ 1596, 1598; vgl. § 641 B I d), obwohl sie gegen den Abgewiesenen Rechtskraft wirkt (§ 322 B), wenn diese nicht durch Wirkung einer erfolgreichen Anfechtungklage — die gegen jedermann wirkt — überholt wird.

a 1. Ist aber einer Anfechtungklage stattgegeben worden, so wirkt dies schlechthin. Das Anfechtungrecht des nicht Beteiligten ist erloschen.

a 2. Trotz der relativen Rechtskraftwirkung, die auch bei laufenden Verfahren zu beachten ist (§ 614 A I a), im besonderen im Verhältnis zum **Rechtshängigkeitverbot** mehrerer Prozesse darf, wenn der Mann klagt, das Kind; wenn das Kind klagt, der Mann selbständig anfechten. Insoweit sind jedenfalls auch Widerklagen zulässig (§ 641 III 2). Mehrere Anfechtunggründe sollten verbunden werden (was nach § 641 III 1 zulässig ist). Werden solche Klagen in getrennten Verfahren erhoben, so sollten auch diese (u. U. zur Klage und Widerklage) verbunden werden.

a 3. Dagegen gibt es das Klagerecht der Eltern (bzw. des Elternteils) nur, soweit der Mann nicht klagen kann. War er für tot erklärt und stellt sich heraus, daß er noch lebt, so ist § 641a entsprechend anzuwenden, wenn an seiner Stelle die Eltern klagen. Die Eltern selbst sind notwendige Streitgenossen (§ 62), weil sie nur gemeinsam anfechten dürfen (BGB 1595a I 1). War ein Elternteil für tot erklärt, so gilt, wenn er noch lebt, § 641a entsprechend. Doch wird man auch dann, wenn er später beitritt, dies gelten lassen müssen, sofern er nur noch in diesem Zeitpunkt das Anfechtungrecht hatte.

a 4. Eine selbständige Streithilfe (§ 69) gibt es hier nicht mehr.

b) Anfechtunggegner ist das Kind (auch wenn dieses der Auffassung des Anfechtungklägers ist), solange es lebt (über seine Prozeßfähigkeit vgl. § 641 A III), sofern der Mann oder seine Eltern (bzw. ein Elternteil) klagen. Anfechtunggegner des Kindes ist der Mann, so lange er lebt.

b 1. Nach dem Tode des Kindes ist gegenüber dem Vormundschaftgericht anzufechten (BGB § 1599 II 1), das im Verfahren der freiwilligen Gerichtsbarkeit entscheidet (BGB § 1597). Die Kindesmutter ist also nicht Partei (auch nicht, wenn das Kind während des Anfechtungsprozesses stirbt, OLG SchlHA 56/269).

b 2. Nach dem Tod des Mannes kann das Kind nur vor dem Vormundschaftgericht die Ehelichkeit anfechten (BGB § 1599 III). Über das Verfahren, wenn der Mann nach erhobener Anfechtungklage des Kindes stirbt, vgl. § 641 a B I.

B III. Die **Anfechtunggründe** ergeben sich aus außerprozessualem Recht.

a) Ist ein Kind innerhalb der Ehe oder innerhalb von 302 Tagen nach Auflösung der Ehe geboren, so darf sich niemand auf seine **Unehelichkeit** berufen, solange sie nicht rechtskräftig festgestellt worden ist (BGB § 1593).

a 1. Als Ehezeit kommt auch die Zeit von der Eheschließung bis zur Rechtskraft des Nichtigkeiturteils in betracht (BGB § 1591 I 1). Ist das Kind innerhalb einer Ehe geboren, so gilt das Kind z. Z. seiner Geburt als eheliches des Ehemannes. Hat der letzte Ehemann bzw. seine Eltern mit der Anfechtungklage Erfolg, so wird der vorhergehende zur Anfechtungklage berechtigt, wobei die Anfechtungfrist für ihn frühestens mit der Rechtskraft der Anfechtungentscheidung beginnt (BGB § 1600).

a 2. Andererseits kann durch die Feststellung der Vaterschaft ein dem entgegenstehendes Vaterschaftanerkenntnis infolge der Unmöglichkeit der Abstammung rückgängig gemacht

werden (§ 644 II entsprechend; vgl. RGZ 165/251). Daß der Zahlunganspruch noch zum Teil abweichenden Regeln, nämlich dem BGB §§ 1717, 1718 unterworfen ist, begründet keinen Unterschied. Nur wenn die blutmäßige Abstammung nicht positiv festgestellt bzw. positiv ausgeschlossen werden kann, sondern zweifelhaft bleibt, gelten die Regeln des BGB §§ 1717, 1718 noch für den Zahlunganspruch. Doch wird man auch sonst bei Verkehr innerhalb der Empfängniszeit auf den Erzeuger prima facie zu schließen haben, so daß auch hier BGB § 1717 gilt. Nur wenn bei Mehrverkehr jeder der in betracht kommenden Männer Erzeuger sein könnte, ergibt sich ein Unterschied aus der Regel des BGB § 1718, wenn einer von ihnen anerkannt hat.

b) Daraus ergibt sich, daß die Anfechtbarkeit der Ehelichkeit **nicht als Vorfrage in anderen Prozessen** ausgetragen werden darf (a. M. OLG HEZ 2/111). Wird diese Frage in anderen Prozessen streitig und ist der Anfechtungstreit schon anhängig, so ist auf Antrag einer Partei der Streit auszusetzen (§ 153 B). Nur darf der Anfechtungstreit wegen eines Anfechtungstreites anderer Parteien nicht ausgesetzt werden. Wird der Aussetzungantrag nicht gestellt, so bleibt die Anfechtbarkeit in dem anderen Verfahren ohne Wirkung, solange im Anfechtungstreit keine die Anfechtung rechtfertigende rechtskräftige Entscheidung ergangen ist. Zwischen welchen Parteien der Rechtstreit, in dem die Ehelichkeit des Kindes nur als Vorfrage entscheidend ist, geführt wird, ist gleichgültig.

b 1. Da es eine Anerkennung des Kindes im Sinne des früheren Rechts nicht mehr gibt (BGH NJW 51/958) und die früher abgegebenen Anerkenntnisse kraftlos geworden sind (VO v. 6. 2. 1943 [BGBl. I 80]), gibt es auch die Anfechtung der Anerkennung nicht mehr als Anfechtungklage (vgl. BGB § 1599 a. F.).

b 2. Nicht unter den Begriff der Anfechtungklage gehört die Klage, mit der die Ehelichkeit eines Kindes geltend gemacht wird, das nach **BGB § 1592 II als ehelich** gilt, also wo die Frist von 302 Tagen (vgl. BGB § 1593) überschritten wird. Hier ist die Feststellungklage zulässig (vgl. § 640 C II a).

b 3. Auch die **legitimierende Wirkung der nachfolgenden Eheschließung** nach BGB § 1719 ist der Anfechtungklage nicht zugänglich, solange sie nicht das Vormundschaftgericht rechtskräftig festgestellt hat (PStG § 31); sie tritt nur unter den Voraussetzungen des BGB § 1720 ein. Bis zu den nach PStG § 31 zu bewirkenden Eintragungen kann sich jedermann auf die Unehelichkeit berufen, weil die Wirkung des BGB § 1593 von der Registrierung abhängt (vgl. OGHZ 1/51). Doch ist die Feststellungklage zulässig (OGHZ 1/51), aber nicht die vorherige Anfechtung (anders, wenn das Vormundschaftgericht die Legitimation rechtskräftig festgestellt hatte, hier ist die Statusklage auf Feststellung der Nichtehelichkeit zulässig: KG NJW 55/593). Hatte das Vormundschaftgericht die Feststellung der Legitimation abgelehnt, so darf es diesen Beschluß noch ändern (FGG § 18), ohne daß es dazu eines Antrages bedarf (nur wenn das Beschwerdegericht abgelehnt hatte zu ändern, gibt es kein freies Änderungrecht nach FGG § 18 mehr). In diesen Fällen, gleichviel ob das Vormundschaftgericht ändert oder nicht, bleibt der Weg der Kindschaftfeststellungklage (vgl. OLG JMBl. NRW 51/66). Gegen das rechtskräftige Urteil des ordentlichen Zivilgerichts gibt es keine wirksame Entscheidung des Gerichts der freiwilligen Gerichtsbarkeit.

b 4. Bei der **Ehelichkeiterklärung durch Verfügung der Staatsgewalt** (BGB § 1723) gibt es die Anfechtungklagen nach BGB § 1735a, die den Anfechtungklagen bei ehelichen Kindern entsprechen, nur daß bei der Anfechtungklage des Kindes die Mutter nicht zuzustimmen braucht, wenn das Vormundschaftgericht die Erhebung der Klage genehmigt (BGB § 1597 III). Anstelle des Zeitpunktes der Geburt tritt der der Ehelichkeiterklärung. Im übrigen laufen die Fristen ab Kenntnis der Umstände, die die Unehelichkeit ergeben (abgesehen von den Anfechtunggründen des BGB § 1596 I 4, 5). Auch in diesem Falle ist BGB § 1593 entsprechend anzuwenden. Auch § 154 II gilt.

b 5. Die Anfechtung des Adoptionvertrages (BGB § 1755) spielt sich in anderer Form ab.

c) Hat die **Anfechtungklage** Erfolg, so wird mit Wirkung von Anbeginn die Unehelichkeit des Kindes bzw. die Nichtehelichkeit gegenüber dem Anfechtenden festgestellt.

C. § 641 III läßt nur die Verbindung mehrerer Anfechtungklagen zu einer Anfechtungklage (mit mehreren Anfechtunggründen: anstelle der selbständigen mehrerer) bzw. zu einer

Anfechtungklage und Anfechtungwiderklage zu. Soweit solche Klagen getrennt erhoben werden, sollten sie verbunden werden (vgl. § 615 A IV). Andere Klagen dürfen nicht verbunden werden, auch nicht die aus § 640 I mit denen aus § 641 I (§ 640 F III b; zur Behandlung verbotswidrig verbundener Klagen vgl. § 615 A I—III). Soweit Klagen aus § 640 I den Vorrang haben, nämlich bei dem dem Ehegatten unterschobenen Kinde, also soweit hier das Nichtbestehen eines Kindschaftverhältnisses ohne Anfechtung im Streit ist, sollte man ein Anfechtungklageverfahren aussetzen. Im übrigen sollten die Klagen getrennt durchgeführt werden. Dringt die Anfechtungklage durch, so wird ein Erkenntnis nach § 640 I gegenstandlos, soweit es auf dem bis zur Rechtskraft des Anfechtungurteils als bestehend anzunehmenden Kindschaftverhältnisse aufbaut.

D. Übergangrechtlich gilt FamilienrechtänderungG v. 11. 8. 1961 (BGBl. I 1221) Art. 9 Abschnitt II.

E. Klagegründe sind die Ehelichkeitanfechtunggründe (§ 641 B I).

E I. Über die Anwendung ausländischen Rechts im allgemeinen vgl. § 640 E I.

E II. Für die Möglichkeit der Anfechtung gilt das zu § 640 E II gesagte. Ist indes die Mutter Deutsche oder war sie es z. Z. ihres Todes und ist das Kind im Zeitpunkt der Anfechtung minderjährig, so gilt inländisches Recht (EG BGB Art. 18 II). Über den Begriff des Deutschen vgl. FamilienrechtänderungG Art. 9 Abschnitt II 5. Ein Anfechtungrecht des **Staates** besteht gegenüber Ausländern nicht, wenn es der ausländische Staat sonst hat, der es aber im Auslande nicht geltend machen kann.

E III. Über das Rechtsverhältnis des ehelichen Kindes bei der Anwendung ausländischen Rechts vgl. § 640 E III.

E IV. Über das Rechtsverhältnis unehelicher Kinder bei der Anwendung ausländischen Rechts vgl. § 640 E IV.

a) Über Legitimation durch nachfolgende Ehe und Staatsakt sowie über Adoption bei Anwendung ausländischen Rechts vgl. § 640 E IVa.

b) Über die Beendigung der elterlichen Gewalt durch Verheiratung der Tochter nach ausländischem Recht vgl. § 640 E IV b.

F. In dem Statusverfahren des § 641 I gilt Sonderrecht, das sich an die Normen des Eheverfahrens, die es zitiert, anlehnt.

F I. GVG § 170 ist nicht entsprechend anzuwenden (vgl. § 640 F I).

F II. Im Verhältnis zu § 640 II erklärt § 641 III auch noch § 622 II für entsprechend anwendbar.

a) Für das Verhältnis zu den sonstigen Normen des Eheprozesses vgl. § 640 F IIa.

F III. Die entsprechende Anwendung der in § 641 III genannten Norm des Eheprozesses wirkt sich wie folgt aus:

a) Der Staatsanwalt wirkt in Kindschaftprozessen nicht mehr mit.

b) Über das Verhältnis der Klageverbindungen und der Widerklagen vgl. § 641 III (§ 641 C). Über die Beteiligung dritter als gewöhnliche Streitgehilfen vgl. § 640 F III b 3.

c) Über die entsprechende Anwendung.

c 1. des § 613 vgl. § 640 F III c 1.

c 2. der §§ 617, 622 I vgl. § 640 F III c 2. Die im Verhältnis zu § 640 I zusätzliche Anwendung des § 622 II bedeutet, daß nur die die Anfechtung nicht begünstigenden Tatsachen und Beweise von gerichts wegen zu beachten sind, daß dagegen für die die Anfechtung begünstigenden Tatsachen und Beweise dasselbe wie in den ordentlichen Verfahren gilt.

c 3. Behauptung- und Beweislast sind unverändert. Im besonderen hat die Beweislast dafür, daß die Anfechtungfrist verstrichen ist, unbeschadet der amtlichen Ermittlungpflicht das Kind, wenn der Mann oder seine Eltern klagen (BGH NJW 52/302).

c 4. Über die Behandlung von Beweisanträgen vgl. § 640 F III c 4.

d) Über die weiteren Verfahrensbesonderheiten vgl. § 640 F III d.

e) Über die Zustellung der Urteile von gerichts wegen vgl. § 640 F III e.

f) Im Fall des § 641 I ist § 628 nur insoweit entsprechend anzuwenden, wie nicht § 641a unmittelbar oder entsprechend anzuwenden ist.

F IV. Für die Rechtsmittel gilt folgendes:

a) Erforderlich ist die Beschwer. Doch wird man im Anfechtungprozeß dem Anfechtenden auch das Rechtsmittel zur Beseitigung einer ausgesprochenen Anfechtung geben müssen, weil er nicht anzufechten braucht. Über die Frage des Verzichts auf den Klageanspruch vgl. § 306 D II a.

b) Über die Auswirkungen falscher Verfahren vgl. § 640 F IV b.

§ 641a (—)

I Hat der Mann die Anfechtungsklage erhoben und stirbt er vor der Rechtskraft des Urteils, so ist § 628 nicht anzuwenden, wenn zur Zeit seines Todes wenigstens ein Elternteil noch lebt. Die Eltern können das Verfahren aufnehmen; ist ein Elternteil gestorben, so steht dieses Recht dem überlebenden Elternteil zu. Wird das Verfahren nicht innerhalb von sechs Monaten aufgenommen, so ist der Rechtsstreit in der Hauptsache als erledigt anzusehen.

A. Die Norm knüpft für den Anfechtungprozeß daran an, daß, wenn der Mann die Ehelichkeit des Kindes infolge seines Todes nicht anfechten kann, dies die Eltern (bzw. der überlebende Elternteil) des Mannes nach BGB § 1595a dürfen (vgl. § 641 B II a 3); sie dürfen deshalb auch, wenn der Mann angefochten hat, den Prozeß des Mannes innerhalb von sechs Monaten fortführen.

A I. Da die Vollmacht vorzulegen ist (§§ 641, 613), muß deshalb für die Eltern (bzw. den überlebenden Elternteil) die Vollmacht beigebracht werden, obwohl das Verfahren nach § 246 nicht unterbrochen wird. Es wird auch ohne Antrag nicht ausgesetzt, kann aber praktisch vor der **Erklärung**, daß es namens der Eltern bzw. des überlebenden Elternteils fortgesetzt wird, nicht fortgesetzt werden. Wenn das Gesetz (§ 641a) von der Aufnahme des Verfahrens spricht, so ist nur die Fortsetzungerklärung gemeint.

A II. Die Erklärung, daß der Anfechtungprozeß fortgesetzt wird, ist nach § 641a innerhalb von 6 Monaten abzugeben. Die **Frist** entspricht der des BGB § 1595a I 3.

a) Der **Fristbeginn** ist nach BGB § 1595a I 4, 5 zu bestimmen; nicht etwa nach dem Tode des Mannes; denn § 641a will die Fortsetzung des Verfahrens, solange die Eltern (bzw. der überlebende Elternteil) anfechten dürfen.

b) Liegen aber die Voraussetzungen des BGB § 1595a III vor (wenn seit der Geburt des Kindes 10 Jahre verstrichen sind), so können auch die Eltern nicht mehr wirksam anfechten. Hatte der Mann aber die Klage vor Ablauf der 10 Jahre erhoben, so muß es in diesem Falle gleichgültig sein, daß die Eltern selbst erst zu einer Zeit eintraten, wo die 10 Jahre schon verstrichen sind.

A III. Wird die Erklärung nicht (fristgerecht) abgegeben, so kommt § 628 zum Zuge.

A IV. Stirbt nur ein Elternteil, während die Eltern klagen, so wird ohne weitere Erklärung das Verfahren fortgesetzt.

B. Die Norm beeinträchtigt nicht

B I. das Anfechtungrecht des Kindes gegen den Mann.

a) Hatte das Kind zu Lebzeiten des Mannes die Anfechtungklage erhoben und stirbt sodann der Mann, so gelten zwar §§ 641 I, 628. Das Kind darf jedoch dann den Antrag vor dem Vormundschaftgericht neu stellen (BGB § 1599 II 2). Wegen der Frist muß man dann aber zumindest BGB § 212 II entsprechend anwenden. Andernfalls wird man die Fortsetzungerklärung fordern müssen (wie § 641a zeigt).

b) Wird die Klage des Mannes (nach § 641a) von den Eltern fortgesetzt, so sollte man auch die Widerklage des Kindes vor den ordentlichen Gerichten fortführen lassen wegen der Notwendigkeit der einheitlichen Entscheidung. Man sollte ferner die Erhebung der Widerklage durch das Kind nach dem Tode des Mannes, gestützt auf BGB § 1596 I 1, zulassen zur Abschirmung einer Klagerücknahme bzw. eines Klageverzichts der Eltern (vgl. § 306 D II a). Da die Frage aber nicht geklärt ist, sollte zusätzlich fristgerecht der Antrag beim Vormundschaftgericht gestellt werden.

B II. War die Anfechtungklage gegen das Kind erhoben und stirbt das Kind,

a) so erledigt sich der Prozeß nach §§ 641 I, 628. Doch darf das Verfahren nach BGB § 1599 II 1 vor dem Vormundschaftgericht entsprechend dem zu § 641a B I a Erläuterten fortgesetzt werden.

b) Stirbt der Mann ebenfalls, so dürfen seine Eltern das Verfahren vor dem Vormundschaftgericht fortsetzen (§ 641a entsprechend).

B III. Hatte das Kind die Anfechtungklage erhoben und stirbt es, so erledigt sich seine Anfechtungklage nach §§ 641 I, 628.

§ 644 (—)

I Wird in einem Verfahren nach § 640 festgestellt, daß ein uneheliches Kind von einem bestimmten Manne nicht abstammt, so verliert ein Urteil, durch das der Mann zur Zahlung von Unterhalt an das Kind verurteilt ist, vom Zeitpunkt der Rechtskraft des Feststellungsurteils an seine Wirkung. Dies gilt für andere Schuldtitel entsprechend.

II Wird in einem Verfahren nach § 640 festgestellt, daß ein uneheliches Kind von einem bestimmten Manne abstammt, so kann das Kind Unterhaltsansprüche gegen den Mann für die Zeit von der Rechtshängigkeit dieser Streitsache an auch dann geltend machen, wenn eine Unterhaltsklage des Kindes rechtskräftig abgewiesen ist. Ist ein anderer Mann zur Zahlung von Unterhalt verurteilt, so verliert dieses Urteil vom Zeitpunkt der Rechtskraft des Feststellungsurteils an seine Wirkung; dies gilt für andere Schuldtitel entsprechend.

A. Die Norm bezieht sich auf Klagen auf blutmäßige Abstammung unehelicher Kinder nach § 640 I. Über die Frage, ob Zahlvaterschaftfeststellungklagen noch zulässig sind, vgl. § 256 B I b 17.

A I. Der Zahlungtitel gegenüber einem **ehelichen Kinde** beruht auf seiner ehelichen Abstammung.

a) Wird diese erfolgreich **angefochten**, so entfällt mit rückwirkender Kraft die Zahlungspflicht. Der Titel ist nach § 767 zu beseitigen. Das auf ihn Gezahlte ist entsprechend § 655 II a. F. zurückforderbar (§ 717 B I d).

b) Bei einem unterschobenen Kind, das den rechtskräftigen Unterhalttitel gegen die angeblichen Eltern als eheliches Kind erhält, sollte, sobald die Unterschiebung im Statusprozeß geklärt ist, sofern nicht der rechtskräftige Titel aus Wiederaufnahmegründen beseitigt werden kann, § 644 entsprechend angewandt werden.

A II. Bei **unehelichen Kindern** werden rechtskräftige Zahlungtitel (Urteile, guarantigierte Urkunden), die zu ihren Gunsten ergangen sind, wirkungslos,

a) sobald ein Statusurteil auf Feststellung der blutmäßigen Abstammung rechtskräftig feststellt, daß der aus dem Zahlungtitel verpflichtete Mann nicht der Erzeuger des Kindes ist (§ 644 I).

a 1. Kommt es zu einem rechtskräftigen Statusurteil gegen einen anderen Mann als den zur Zahlung verpflichteten, so wird der Schuldtitel ab Rechtskraft des Statusurteils nach § 644 II 2 wirkunglos. Dies gilt, gleichviel ob der zahlungspflichtige Mann am Statusverfahren (sei es auch nur als Streitgehilfe) teilgenommen hat (vgl. § 643 I 2) oder nicht. Hat er teilgenommen, so wirkt das Statusurteil auch für und gegen ihn (§ 643 I 2), so daß dann auch § 644 I unmittelbar gilt, wenn die blutmäßige Abstammung von einem anderen Mann — positiv — festgestellt worden ist.

b) Liegen sich widersprechende **Statusurteile gegen mehrere Männer** derart vor, daß jeder von ihnen blutmäßiger Vater sein soll, so ist wegen der Wirkung zu dritten (§ 643 I 1) allerdings ein Fall des § 580 I 7a gegeben. Davon darf aber grundsätzlich nur der zuletzt rechtskräftig verurteilte Mann Gebrauch machen. Es bleibt also derjenige, gegen den das erste rechtskräftige Statusurteil ergangen ist, als der blutmäßige Vater festgestellt; es sei denn, daß er im Wiederaufnahmeverfahren die Feststellung beseitigt. Ist die Wiederaufnahmeklage (etwa wegen Fristversäumnis) unzulässig, so sollte BGB § 826 nicht angewandt werden (vgl. § 322 C III b 3).

b 1. Solange gegen den Zahlungverpflichteten kein Statusurteil vorliegt, darf er, solange die Behauptung, er sei der blutmäßige Vater, aufrecht erhalten wird, den Statusprozeß beschreiten, da die Klage nicht fristgebunden ist. Bei Vorliegen eines Statusurteils gegen einen anderen Mann, darf er mit Rücksicht auf die Rechtskraftwirkung gegen jedermann (§ 643 I 1) grundsätzlich nicht verurteilt werden (§ 322 I). In diesem Falle geht aber § 644 II 2 dem § 644 I vor.

b 2. Die Wirkung des § 643 I 1 gilt nur, soweit ein Mann (nicht das Kind) die blutmäßige Vaterschaft (§ 643 I 2) bei einem unehelichen Kind für sich in Anspruch nimmt; bei einem ehelichen Kind ist die Klage des blutmäßigen Vaters unzulässig (§ 640 C I b 5). Erwirkt in diesem Fall der später klagende Mann die Feststellung, daß er der blutmäßige Vater des Kindes ist, so sollte dem zuerst rechtskräftig verurteilten Mann, der die blutmäßige Abstammung nicht für sich geltend gemacht hatte, die Klage aus § 580 I 6 in entsprechender Anwendung gegeben werden. Auch ist dann in jedem Falle § 644 II 2 anzuwenden, da dieser an das letzte rechtskräftige Statusurteil anknüpft.

b 3. Wirkunglos werden ferner entgegenstehende Statusurteile durch die Ehelichkeiterklärung des Kindes. Wird ein Kind ehelich, so müssen damit auch die Unterhaltzahlungtitel des Kindes gegen andere Männer entsprechend § 644 II 2 wirkunglos werden.

b 4. Dagegen ist die Klage des Kindes gegen den anderen Mann unzulässig, sobald im ersten Urteil rechtskräftig seine Abstammung von einem bestimmten Mann festgestellt ist, so lange das erste Urteil nicht beseitigt worden ist.

A III. Rechtskräftige, die Zahlung abweisende Unterhaltsurteile gegen das uneheliche Kind werden wirkunglos, wenn im Statusverfahren festgestellt wird, daß der, welcher das die Zahlung verneinende Urteil erlangt hat, doch der blutmäßige Vater ist (§ 644 II 1). Das Gesetz nennt zwar nur rechtskräftige Urteile, doch sind darunter auch etwa negative Anerkenntnisse des Kindes zu verstehen (§ 644 I 2 entsprechend).

B. Die Wirkunglosigkeit der Titel tritt nach § 644 kraft Gesetzes ein. Wird ein Zahlungtitel auf Grund der Wiederaufnahmeklage beseitigt, so gilt nicht § 644, sondern das zu § 644 A I a Gesagte entsprechend.

B I. Handelt es sich um einen Leistung(Unterhaltzahlung)titel, so wird der Titel ab Rechtskraft des Statusfeststellungurteils wirkunglos (§ 644 I, II 2).

a) War aus dem Titel vollstreckt, so darf die Wirkunglosigkeit noch geltend gemacht werden nach §§ 775 I 1, 776. Auch darf § 768 angewandt werden (vgl. § 768 B III). Wird, obwohl der Titel wirkunglos ist, vollstreckt, so besteht auch die Klage aus bürgerlichem Recht (vgl. § 768 A I d).

B II. Handelt es sich um einen die Unterhaltleistungpflicht verneinenden Titel, so beginnt mit der Rechtshängigkeit (§ 263 I) des Statusprozesses das Recht des unehelichen Kindes Unterhalt fordern zu dürfen (§ 644 II 1).

a) Damit wird die entsprechende Anwendung des § 580 I 6 ausgeschlossen auch für die Zeit vor Rechtshängigkeit des Statusprozesses. Andererseits wird die Aufforderung zur Unterhaltzahlung in der Zustellung der Klage des Statusprozesses gesehen (nicht in der Einreichung der Klageschrift, § 267b III ist nicht anwendbar).

B III. Nach dem Wortlaut des § 644 II kann es so dazu kommen, daß zwei Männer für die Zeit ab Rechtshängigkeit bis zur Rechtskraft der Statusurteils Unterhalt leisten müssen. Das kann aber auch sonst der Fall sein, etwa wenn in bezug auf den blutmäßigen Vater kein

leistungabweisendes Urteil vorliegt, so dann nämlich für die gesamte Zeit, in der Unterhalt für das Kind verlangt werden darf (vgl. BGB § 1711).

Durch das deutsche RichterG v. 8. 9. 1961 (BGBl. I 1665) sind aufgehoben worden

GVG §§ 2—9, 11, 68, 88, 118, 148 II, 198

und durch Bestimmungen des deutschen RichterG ersetzt worden. Im übrigen sind die folgenden Vorschriften des GVG geändert worden.

Es lauten

GVG § 10

I Referendaren, die mindestens zwölf Monate im juristischen Vorbereitungsdienst tätig sind, kann im Einzelfall die Erledigung von Rechtshilfeersuchen mit Ausnahme der Beeidigung übertragen werden.

II Bei Amtsgerichten und Landgerichten können Richter auf Probe und Richter kraft Auftrags verwendet werden.

GVG § 29 I 2

Ein Richter auf Probe darf im ersten Jahr nach seiner Ernennung nicht Vorsitzender sein.

GVG § 62 I 2

Den Vorsitz in der kleinen Strafkammer (76 Abs. 2) und in der Kammer für Handelssachen (§ 105 Abs. 1) kann auch ein ständiges Mitglied des Landgerichts führen, das vom Präsidium für die Dauer eines Geschäftsjahres bestimmt wird.

GVG § 70 II

II Die Beiordnung eines Richters auf Probe oder eines Richters kraft Auftrags ist auf eine bestimmte Zeit auszusprechen und darf vor Ablauf dieser Zeit nicht widerrufen werden.

GVG § 74a

(geändert durch 6. StrafrechtänderungsG v. 30. 6. 1960 [BGBl. I 478])

I Eine Strafkammer des Landgerichts, in dessen Bezirk das Oberlandesgericht seinen Sitz hat, ist für den Bezirk des Oberlandesgerichts als erkennendes Gericht des ersten Rechtszuges zuständig für Verbrechen und Vergehen

der Verbreitung hochverräterischer Schriften (§ 84 des Strafgesetzbuches),
der Staatsgefährdung in den Fällen der §§ 90 bis 95, 96 Abs. 3, des § 96 a Abs. 3 und des § 97 des Strafgesetzbuches,
der Agententätigkeit in den Fällen des § 100 d Abs. 2 und 3 des Strafgesetzbuches,
der Gefährdung der Landesverteidigung in den Fällen des § 109 d, des § 109 e Abs. 1 bis 4, des § 109 f und des § 109 g Abs. 1 bis 3 des Strafgesetzbuches,
der Beteiligung an verbotenen Vereinigungen (§§ 128 bis 129 a des Strafgesetzbuches),
der Verschleppung (§ 234 a des Strafgesetzbuches) und
der politischen Verdächtigung (§ 241 a des Strafgesetzbuches).

Dasselbe gilt für die Vergehen nach den §§ 42 und 47 des Gesetzes über das Bundesverfassungsgericht.

II Die Zuständigkeit der Strafkammer entfällt, wenn der Generalbundesanwalt wegen der besonderen Bedeutung des Falles vor der Eröffnung des Hauptverfahrens die Verfolgung übernimmt, es sei denn, daß durch Abgabe oder Überweisung nach § 134 a Abs. 2 oder 3 die Zuständigkeit der Strafkammer begründet wird.

III In den Sachen, in denen die Strafkammer nach Absatz 1 zuständig ist, trifft sie auch die in § 73 Abs. 1 bezeichneten Entscheidungen.

IV Im Rahmen der Absätze 1 und 3 erstreckt sich der Bezirk des Landgerichts auf den Bezirk des Oberlandesgerichts.

GVG § 77 III

III An die Stelle des Amtsrichters tritt für die Auslosung der Reihenfolge, in der die Hauptschöffen an den einzelnen ordentlichen Sitzungen der Strafkammern teilnehmen, der Landgerichtspräsident. Die Entscheidung darüber, ob ein Schöffe von der Schöffenliste zu streichen oder ob von seiner Heranziehung zur Dienstleistung abzusehen ist, sowie über die von einem Schöffen vorgebrachten Ablehnungsgründe trifft eine Strafkammer. Im übrigen tritt an die Stelle des Amtsrichters der Vorsitzende der Strafkammer.

GVG § 83 I, II

I Vor Beginn des Geschäftsjahres bestellt das Präsidium des Oberlandesgerichts für jede Tagung des Schwurgerichts aus der Zahl der Mitglieder des Oberlandesgerichts oder der in seinem Bezirk angestellten Richter einen Vorsitzenden des Schwurgerichts.

II In gleicher Weise bestellt das Präsidium des Landgerichts für jede Tagung des Schwurgerichts aus der Zahl der Mitglieder des Landgerichts und der in seinem Bezirk angestellten Amtsrichter einen Stellvertreter des Vorsitzenden, die übrigen richterlichen Mitglieder und ihre Stellvertreter.

GVG § 125 II

II Zum Mitglied des Bundesgerichtshofes kann nur berufen werden, wer das fünfunddreißigste Lebensjahr vollendet hat.

GVG § 148

I Der Generalbundesanwalt und die Bundesanwälte sind Beamte.

FSC
www.fsc.org
MIX
Papier | Fördert
gute Waldnutzung
FSC® C083411

Kolibri 360 GmbH
Ferdinand-Jühlke-Straße 7
99095 Erfurt, Deutschland
produktsicherheit@kolibri360.de